# Analyser L'éducation du Travail dans Proverbes

## L'éducation au Travail dans la Bible, Volume 12

### Sermons Bibliques

Published by Seminit Publications, 2023.

While every precaution has been taken in the preparation of this book, the publisher assumes no responsibility for errors or omissions, or for damages resulting from the use of the information contained herein.

ANALYSER L'ÉDUCATION DU TRAVAIL DANS PROVERBES

**First edition. July 2, 2023.**

Copyright © 2023 Sermons Bibliques.

Written by Sermons Bibliques.

# Also by Sermons Bibliques

**L'éducation au Travail dans la Bible**
Analyse de L'enseignement du Travail dans l'Exode: De
L'esclavage à la Libération
Analyse de l'Enseignement du Travail dans le Leviticus: L'esprit
de la loi à l'œuvre
Analyse de l'Enseignement du travail dans les Nombres
Analyse de l'enseignement du travail dans le Deutéronome
Analyser L'éducation du Travail dans Josué et Juges
Analyser L'éducation du Travail dans Ruth
Analyser l'éducation du Travail dans Samuel, Rois et
Chroniques
Analyser L'éducation du Travail dans Esdras, Néhémie et Esther
Analyser L'éducation du Travail dans Proverbes
Analyser L'éducation du Travail dans Ecclésiaste
Analyser L'éducation du Travail dans Cantique des Cantique
Analyse de L'enseignement au Travail dans la Genèse
Analyse de L'enseignement du Travail dans le Pentateuque
Analyser L'éducation du Travail dans les Livres Historiques
Analyser L'éducation du Travail dans les Livres Poétiques

# Table des Matières


Introduction au livre des Proverbes..........................1

À propos du livre des Proverbes..........................4

Proverbes et travail : quelle est la relation ?..........................9

Le courage de la femme (Proverbes 31:10-31)..........................11

La confiance dans le travailleur qualifié..........................14

Responsabilités fiduciaires d'un travailleur..........................15

L'honnêteté, qualité d'un travailleur fiable ..........................18

Actions honnêtes ..........................23

La diligence du travailleur avisé ..........................27

Le travailleur dévoué ne s'arrête pas là ..........................28

La planification à long terme d'un travailleur diligent ..........................31

Comment un travailleur diligent contribue-t-il à la rentabilité de l'entreprise ?..........................35

Préparer un avenir radieux : travailler avec diligence..........................38

La ruse du travailleur avisé ..........................39

Le travailleur avisé a une conscience et un bon jugement..........................40

Se préparer à l'inévitable : la ruse d'un travailleur..........................41

À la recherche d'un conseil avisé : un travailleur avisé..........................42

Compétences et connaissances développées par un travailleur avisé........................................................................43

Sagesse et générosité du travailleur...............................44

Travailleur avisé Justice ...............................................46

LA RESPONSABILITÉ SOCIALE DES ENTREPRISES ?...................................................................................49

LA CONCURRENCE ?.................................................52

Tenir sa langue : la sagesse d'un travailleur...................54

Éviter les commérages, la sagesse du travail .................55

La sagesse d'un travailleur s'exprime par la gentillesse et non par la colère......................................................................57

Bénédiction du travailleur avisé pour les autres............59

La modestie du travailleur avisé ....................................60

La modestie au travail....................................................61

La modestie, une vertu plutôt que la recherche de la richesse ..62

Conclusion du livre des Proverbes .................................65

**Proverbes 27:5** *La réprimande ouverte vaut mieux que l'amour secret.*

Aimer son prochain est une bonne chose ; mais l'aimer assez pour pouvoir lui reprocher ouvertement ses fautes est une très grande preuve d'affection, et vaut beaucoup mieux que l'amour secret qui se tait quand il doit parler. Et pourtant, combien de personnes sont très fâchées contre vous si vous les réprimandez ouvertement, et combien sont assez sottes pour préférer l'amour secret à la réprimande ouverte, bien qu'elles aient la sagesse de Salomon pour leur enseigner mieux ! Notre Seigneur Jésus-Christ a un amour secret pour son peuple, mais il ne lui épargne jamais une réprimande ouverte lorsqu'il sait qu'elle sera bonne pour lui.

— **Charles Spurgeon**

# Introduction au livre des Proverbes

Quelle est la différence entre l'intelligence et la sagesse ? La sagesse va au-delà de la connaissance. C'est plus qu'un catalogue de faits ; c'est une perception maîtrisée de la vie, un art de vivre pratique et la capacité de prendre de bonnes décisions. Les Proverbes nous mettent au défi d'acquérir des connaissances, de les appliquer à notre vie et de partager avec les autres la sagesse que nous avons acquise.

Où acquiert-on la sagesse ? Le livre dit que la sagesse va au-delà de la connaissance, mais qu'elle doit commencer par la connaissance des proverbes. "Les proverbes de Salomon, fils de David, roi d'Israël : pour acquérir la sagesse et la discipline, pour discerner les paroles de l'intelligence" (Proverbes 1:1-2, NIV) (La traduction NKJV, "apprendre", néglige la nature essentiellement expérimentale de l'hébreu da'at et de sa racine, yada, que la NIV reflète correctement avec le verbe "acquérir"). Pour produire la sagesse, la connaissance doit être mélangée à la crainte du Seigneur. La "crainte" [hébreu yare] du Seigneur est souvent utilisée dans l'Ancien Testament comme synonyme de "vivre en réponse à Dieu". Le livre des Proverbes déclare que "la crainte de l'Éternel est le commencement de la sagesse, et la connaissance du Saint est l'intelligence" (Prov. 9:10). La connaissance sans l'engagement envers le Seigneur est aussi inutile que le ciment sans l'eau pour faire un mélange. Paradoxalement, l'acceptation des proverbes par la foi dans le cœur produit la crainte du Seigneur. "Mon fils, si tu reçois mes paroles et si tu gardes en toi mes commandements... tu comprendras la crainte du Seigneur et tu découvriras la connaissance de Dieu" (Prov. 2:1, 5).

Pour le chrétien, la vraie sagesse comprend toute la révélation de Dieu, en particulier ce que nous savons de son Fils, le Seigneur Jésus-Christ. Elle commence par la connaissance de l'identité du Seigneur, de ce qu'il a fait et de ce qu'il désire pour nous et pour le monde dans lequel nous vivons. Au fur et à mesure que notre vision de Dieu grandit, nous apprenons à coopérer avec lui dans son œuvre de soutien et de rédemption du monde. Cela nous rend souvent plus fructueux dans des domaines qui nous profitent à nous-mêmes et aident les autres. Ceci, à son tour, nous amène à vivre dans la révérence du Seigneur au milieu de la vie quotidienne et du travail. "La crainte de l'Éternel mène à la vie, au sommeil dans le contentement, à l'abri du malheur" (Proverbes 19:23).

Dans les Proverbes, acquérir la sagesse nous fait du bien et ne pas l'acquérir nous fait du mal. Nous n'avons pas vraiment acquis de connaissances tant que nous ne les appliquons pas dans notre vie. "Le sage craint le mal et s'en détourne" (Proverbes 14:16). "La bouche du juste dit la sagesse" (Pr 10,31). Les Proverbes anticipent l'avertissement de Jésus : "Soyez sages comme les serpents et inoffensifs comme les colombes" (Mt 10,16). La sagesse vient du Seigneur, qui déclare : "Je t'ai conduit dans la voie de la sagesse, je t'ai guidé dans les sentiers de la justice" (Pr 4,11). Dans les Proverbes, le spirituel et le moral se rejoignent, et la sagesse reflète la vérité qu'un Dieu bon contrôle.

Le livre des Proverbes contient également des avertissements à l'intention de ceux qui méprisent la croissance de la sagesse. La sagesse, personnifiée tout au long du livre sous la forme d'une femme, s'exprime ainsi. "Car celui qui me trouve trouve la vie et obtient la faveur de l'Éternel, tandis que celui qui pèche contre moi se fait du mal à lui-même. Mais celui qui pèche contre moi se fait du mal à lui-même, et tous ceux qui me haïssent aiment la mort" (Proverbes 8:35-36). La sagesse produit une vie meilleure et plus abondante. Le manque de sagesse diminue la vie et conduit finalement à la mort.

En outre, le livre des Proverbes nous dit que la sagesse que nous acquérons n'est pas seulement pour nous-mêmes, mais aussi pour la partager avec d'autres, "pour donner de la sagesse aux simples, de la connaissance et du discernement aux jeunes" (Proverbes 1:4). Proverbes 9:9 recommande d'"instruire les sages" et d'"enseigner les justes". Proverbes 26:4-5 met en garde contre le danger de partager la sagesse avec un insensé. Nous partageons la sagesse non seulement en enseignant, mais aussi en vivant avec sagesse et en la transmettant à ceux qui nous voient et suivent notre exemple. L'inverse est également vrai. Si nous vivons de manière insensée, les autres peuvent être tentés de faire de même, et nous nous nuisons non seulement à nous-mêmes, mais aussi à eux. Souvent, au fur et à mesure que nous progressons dans notre vie, nous devenons plus visibles et les effets de notre sagesse ou de notre folie touchent de plus en plus de personnes. Avec le temps, cela peut avoir les conséquences les plus profondes, car "l'instruction des sages est une source de vie, et un moyen d'échapper aux pièges de la mort" (Proverbes 13:14).

# À propos du livre des Proverbes

Dans l'ancien Proche-Orient, les souverains chargeaient souvent des sages de compiler la sagesse reconnue de leur nation et d'instruire les jeunes hommes appelés à exercer une profession libérale ou à servir le gouvernement au sein de la cour royale. Ces sages paroles, condensées à partir de l'observation de la vie et des réalités de l'expérience humaine, devenaient le texte des générations futures lorsqu'elles atteignaient l'âge adulte. Le livre des Proverbes déclare cependant que son auteur principal est le roi Salomon (Proverbes 1:1) et que son inspiration vient du Seigneur. "Car l'Éternel donne la sagesse, et de sa bouche sortent la connaissance et l'intelligence" (Proverbes 2:6). Le livre exige la foi dans le Seigneur, et non dans l'expérience humaine.

"Confie-toi au Seigneur de tout ton cœur et ne t'appuie pas sur ta propre intelligence" (Prov. 3:5). "Ne sois pas sage à tes propres yeux, mais crains le Seigneur et détourne-toi du mal" (Prov. 3:7). D'autres manuels du Proche-Orient ancien supposent ou tiennent pour acquise l'origine divine de la sagesse qu'ils enseignent, mais les Proverbes insistent sur le fait que la sagesse est attribuée uniquement et directement au Seigneur. Le message central du livre est que la vraie sagesse est basée sur notre relation avec Dieu : nous ne pouvons pas avoir de vraie sagesse si nous n'avons pas une relation vivante avec le Seigneur.

C'est pourquoi les proverbes de ce livre sont plus qu'un simple bon sens ou un bon conseil ; ils nous enseignent non seulement la relation entre nos actions et notre destin, mais aussi comment créer une communauté pacifique et prospère sous l'égide du Seigneur, qui est la source de la vraie sagesse.

En même temps, ces dictons courts et concis que nous appelons proverbes sont des généralisations sur la vie, et non des promesses données par petits bouts. Dieu agit à travers eux pour guider notre pensée, mais nous devons veiller à ne pas hacher le recueil et à le mettre dans un sac de morceaux comme les biscuits de la fortune. Aucune phrase ne peut être utilisée pour exprimer toute la vérité, mais nous devons être sensibles au contexte plus large de l'ensemble du livre. Seul un fou lirait "Formez un enfant dans la voie qu'il doit suivre, et quand il sera grand, il ne s'en détournera pas" (Proverbes 22:6) et en conclurait qu'un enfant est un robot programmé. Le proverbe enseigne que l'éducation parentale a un effet, mais son sens doit être compris en prêtant attention à d'autres proverbes qui reconnaissent que chaque personne est responsable de son propre comportement, comme "L'œil qui se moque du père et méprise la mère, les corbeaux le chasseront de la vallée, et les aigles le dévoreront" (Pro 30, 17). Être un expert en proverbes, c'est tisser un manteau de sagesse à partir de l'ensemble du recueil. L'acquisition de la sagesse du livre des Proverbes nécessite une vie entière d'étude.

La tâche n'est pas aisée, car il existe des tensions entre certains proverbes, même s'ils ne sont pas en totale opposition. D'autres sont exprimés de manière ambiguë, ce qui oblige le lecteur à envisager des interprétations possibles. Le destinataire du proverbe est un aspect qui mérite une grande attention. L'avertissement "N'aime pas le sommeil" (Proverbes 20:13) est un proverbe qui s'adresse à tous les enfants de Dieu (voir

Proverbes 1:4-5), mais l'affirmation "Doux sera ton sommeil" (Proverbes 3:24) s'adresse à ceux qui ne laissent pas la sagesse et l'intelligence s'éloigner de leurs yeux (Proverbes 3:21). Nous devons veiller à ce qu'un proverbe ne se transforme pas en légalisme. "N'aimez pas dormir" n'est pas un proverbe qui interdit l'utilisation de somnifères, ou qui interdit de dormir tard un jour de repos, ou qui justifie la consultation obsessionnelle des courriels jour et nuit. Le livre des Proverbes est intemporel, mais son application doit être adaptée à l'époque, comme l'illustre le livre de Job. Les Proverbes sont des repères dans le lent développement de la vertu, et il faut beaucoup de temps pour les comprendre. "Le sage écoutera et acquerra de la connaissance, et l'homme prudent acquerra l'habileté pour comprendre les proverbes et les fables, les paroles des sages et leurs énigmes" (Prov. 1:5-6).

Le livre des Proverbes est divisé en sept sections. La section 1 (Proverbes 1:1-9:18) contient des enseignements généraux qui préparent le cœur du disciple aux proverbes concis des sections suivantes. La section 2 (Proverbes 10:1-22:16) contient les "Proverbes de Salomon". La section 3 (Proverbes 22:17-24:22) contient les "Proverbes des sages", qui ont probablement été adoptés et adaptés par Salomon, et la section 4 (Proverbes 24:23-34) développe ce qui précède avec d'autres "Proverbes des sages". La section 5 (Proverbes 25:1-29:27) couvre "d'autres proverbes copiés par les hommes du roi Ézéchias de Juda", en analysant des documents anciens datant de l'époque de Salomon (Ézéchias a régné quelque trois cents ans après Salomon). La section 6 (Proverbes 30:1-33) et la section 7 (Proverbes 31:1-31) sont attribuées respectivement à Agur et Lemuel, dont on sait très peu de choses. Le résultat final est un ouvrage unique de proverbes, de conseils, d'instructions et d'avertissements, structuré comme un manuel pour les jeunes qui commencent leur vie professionnelle et pour les personnes de tous âges qui se sentent poussées à rechercher la sagesse du Seigneur (Prov. 1:2-7).

En général, les proverbes sont regroupés par paires de contrastes : diligence contre paresse, honnêteté contre malhonnêteté, planification contre prise de décision hâtive, loyauté contre exploitation des personnes vulnérables, recherche de bons conseils contre arrogance, etc. Le livre contient plus de proverbes traitant de la sagesse que de tout autre sujet, et le deuxième thème le plus important est le travail et son corollaire, l'argent. Bien que le livre soit divisé en sept sections, les proverbes qui s'y trouvent reviennent sans cesse sur les mêmes thèmes. C'est pourquoi ce chapitre abordera les enseignements relatifs au travail de manière thématique, plutôt que de passer en revue chaque section dans l'ordre où elle apparaît dans le livre.

Une pratique que de nombreux chrétiens trouvent utile sur le lieu de travail consiste à lire un chapitre par jour, correspondant au jour du mois (les Proverbes comportent 31 chapitres). De nombreux thèmes sont abordés dans plusieurs proverbes répartis dans le livre, ce qui signifie que chaque thème se retrouvera à plusieurs jours différents de chaque mois. La répétition de ces thèmes est une aide à l'apprentissage. De plus, notre réceptivité aux thèmes change en fonction de ce qui se passe dans notre vie. Comme les circonstances changent au cours du mois, un sujet qui n'a pas attiré notre attention un jour peut devenir plus important un autre jour. Au fil du temps, nous pouvons trouver plus de sagesse que si nous n'avions examiné chaque thème qu'une seule fois. Par exemple, le 14e jour d'un mois donné, vous lirez le chapitre 14, mais vous ne remarquerez peut-être pas le thème de l'oppression des pauvres au verset 31 ("Celui qui opprime le pauvre outrage son Créateur"). Mais peut-être que quelques jours plus tard dans le mois, vous verrez une personne vivant dans la rue, ou entendrez un reportage sur la pauvreté, ou peut-être que vous manquerez d'argent. À ce moment-là, vous serez peut-être prêt à prêter attention à la question lorsqu'elle reviendra au chapitre 17 ("Celui qui se moque du pauvre outrage son Créateur", Prov. 17:5), ou au chapitre 21 ("Celui qui ferme l'oreille au cri du pauvre criera aussi et ne sera pas entendu", Prov. 21:13), ou au chapitre 21 ("Celui qui ferme l'oreille au cri du pauvre criera aussi et ne sera pas entendu", Prov. 21:13), ou au chapitre 21 ("Celui qui ferme l'oreille au cri du pauvre criera aussi et ne sera pas entendu", Prov. 21:14), ou au chapitre 21 ("Celui qui ferme l'oreille au cri du pauvre criera aussi et ne sera pas entendu"). 21:13), ou au chapitre 22 ("Celui qui ferme l'oreille au cri du pauvre criera aussi et ne sera pas entendu", Prov. 21:13), ou au chapitre 22 ("Ne dépouillez pas le pauvre, car il est pauvre", Prov. 22:22), ou au chapitre 28 ("Celui qui accroît sa richesse avec l'intérêt et l'usure l'amasse pour celui qui a pitié du pauvre", Prov. 28:8). De plus, le thème est abordé de manière différente à chaque fois, ce qui offre la possibilité d'approfondir à chaque répétition.

# Proverbes et travail : quelle est la relation ?

La préoccupation centrale du livre est l'appel à vivre une vie de crainte devant Dieu. Cet appel commence le livre (Proverbes 1:7), le traverse (Proverbes 9:10) et le conclut (Proverbes 31:30). Les Proverbes nous disent que les bonnes habitudes de travail honorent Dieu, découlent d'un caractère formé par la crainte du Seigneur et conduisent généralement à la prospérité. En fait, la crainte de l'Éternel et la sagesse sont directement liées. "Alors tu comprendras la crainte de l'Éternel et tu découvriras la connaissance de Dieu. Car l'Éternel donne la sagesse, et de sa bouche sortent la science et l'intelligence" (Prov. 2:5-6).

En d'autres termes, les proverbes sont destinés à former le caractère de Dieu (un caractère pieux) chez ceux qui les lisent. Par conséquent, de nombreux proverbes sont explicitement basés sur le caractère de Dieu, qui est révélé par ce que Dieu déteste et ce qui lui plaît :

L'Éternel hait six choses, et sept lui sont odieuses (Prov. 6:16).

Les fausses balances sont une abomination pour le Seigneur, mais le bon poids fait son bonheur (Prov. 11:1).

Les yeux du Seigneur sont en tout lieu (Prov. 15:3).

Le caractère divin - c'est-à-dire la sagesse - est essentiel dans tous les domaines de la vie, y compris le travail. Un examen des proverbes révèle que le livre a beaucoup à dire sur le sujet du travail. De nombreux proverbes font directement référence aux activités professionnelles du Proche-Orient ancien, telles que l'agriculture, l'élevage, la fabrication de textiles et de vêtements, le commerce, le transport, les affaires militaires, l'administration, les tribunaux, la gestion du foyer, l'éducation des enfants, la construction et d'autres encore. L'argent - étroitement lié au travail - est également un thème important. De nombreux autres proverbes traitent de thèmes qui s'appliquent de manière significative au travail, tels que la prudence, l'honnêteté, la justice, la compréhension et les bonnes relations...

# Le courage de la femme (Proverbes 31:10-31)

Un lien important entre le livre des Proverbes et le monde du travail est présenté à la fin du livre. Dame Sagesse, que nous avons rencontrée au début (Proverbes 1:20-33 ; 8:1-9:12), réapparaît sous une autre forme dans les vingt-deux derniers versets du livre (Proverbes 31:10-31), en tant que femme de chair et de sang, appelée "la femme vertueuse" (NRSV1960). Certaines traductions utilisent le mot "épouse" au lieu de "femme", probablement parce que le passage mentionne le mari et les enfants (les deux mots "épouse" et "femme" sont des traductions possibles du terme hébreu ishshah). En effet, la femme trouve satisfaction dans sa famille et veille à ce que "son mari soit connu aux portes, quand il est assis avec les anciens du pays" (Pr 31,23). Cependant, le texte met l'accent sur le travail de la femme en tant qu'entrepreneur dans l'industrie artisanale avec les serviteurs ou les ouvriers qu'elle dirige (Pr 31:15)[9]. Proverbes 31:10-31 ne s'applique pas seulement au lieu de travail, mais s'y déroule.

Ainsi, le livre des Proverbes est résumé dans un poème faisant l'éloge d'une femme qui gère avec sagesse une variété d'entreprises, du tissage à la vinification en passant par le commerce sur la place du marché. Les traducteurs utilisent divers mots tels que vertueuse (NKJV1960), capable (NKJV), exceptionnelle (NLT) ou exemplaire (NIV) pour décrire le caractère de cette femme dans Proverbes 31:10. Lorsqu'il s'applique à un homme, le même terme est traduit par "force", comme dans Proverbes 31:3. Dans la grande majorité de ses 246 apparitions dans l'Ancien Testament, ce mot fait référence à des hommes guerriers (par exemple, les " hommes forts et vaillants " de David en 1Ch 7:2). Les traducteurs ont tendance à minimiser l'élément de force lorsque le mot est appliqué à une femme, comme dans le cas de Ruth, qui est décrite dans les traductions anglaises comme "exemplaire" (NIV, NKJV), "vertueuse" (NKJV, NKJV) ou "bonne" (NKJV). Mais le mot est le même, qu'il s'applique à des hommes ou à des femmes. En décrivant la femme de Proverbes 31:10-31, on peut dire qu'elle est forte ou courageuse, comme l'indique Proverbes 31:17 : "Elle s'est ceinte de force et a fortifié ses bras". En raison de ce langage martial, Al Wolters soutient que la traduction la plus appropriée est "femme courageuse". En conséquence, nous nous référerons à la femme de Proverbes 31:10-31 comme la "femme forte", reflétant à la fois la force et la vertu contenues dans le terme hébreu chayil.

Le passage qui conclut le livre des Proverbes caractérise cette femme forte comme une travailleuse avisée dans cinq séries de pratiques sur son lieu de travail. L'importance de ce passage est présentée de deux manières. Premièrement, il se présente sous la forme d'un poème acrostiche, c'est-à-dire que ses vers commencent par les vingt-deux lettres de l'alphabet hébreu dans l'ordre, ce qui le rend facile à mémoriser. Deuxièmement, il constitue le point culminant et le résumé de l'ensemble du livre. Par conséquent, les cinq ensembles de pratiques que nous observons dans la Femme courageuse serviront de cadre à l'exploration de l'ensemble du livre.

Pour certains peuples du Proche-Orient ancien, et même pour certaines personnes aujourd'hui, il serait surprenant de présenter une femme comme un modèle d'entreprise avisée. Bien que Dieu ait donné le don du travail aux hommes et aux femmes (Gn 1,27-28), le travail des femmes était souvent dénigré et traité avec moins de dignité que celui des hommes. Suivant l'exemple des Proverbes, nous désignerons cette sage travailleuse par le terme "elle", sachant que la sagesse de Dieu est également accessible aux hommes et aux femmes. Dans ce livre, "elle" est une affirmation de la dignité du travail pour tous.

Comme toujours dans les Proverbes, la voie de la sagesse découle de la crainte du Seigneur. Enfin, les capacités et les vertus de la femme courageuse sont décrites et honorées, et la source de sa sagesse est révélée. "La femme qui craint le Seigneur sera louée" (Proverbes 31:30).

# La confiance dans le travailleur qualifié

La première caractéristique de la sagesse incarnée par la femme courageuse est la confiance. "Son mari lui fait entièrement confiance" (Proverbes 31:11). La confiance est le fondement de la sagesse et de la vertu. Dieu a créé les êtres humains pour qu'ils travaillent ensemble (Gn 2,15), ce qui est impossible sans confiance. La confiance exige l'adhésion à des principes éthiques, à commencer par la fidélité dans nos relations. Que dit le livre des Proverbes sur la nécessité d'être digne de confiance sur le lieu de travail ?

# Responsabilités fiduciaires d'un travailleur

La première condition pour être digne de confiance est que notre travail profite à ceux qui nous font confiance. En acceptant leur confiance, nous reconnaissons la responsabilité fiduciaire de travailler dans leur intérêt. La femme courageuse s'acquitte de cette tâche en travaillant non seulement pour elle-même, mais aussi pour ceux qui l'entourent. Son travail profite à ses clients (Prov. 31:14), à sa communauté (Prov. 31:20), à sa famille proche (Prov. 31:12, 28) et à ses compagnons de travail (Prov. 31:15). Dans l'économie du Proche-Orient ancien, toutes ces sphères de responsabilité convergeaient vers l'unité économique connue sous le nom de "ménage". Comme dans la plupart des pays du monde, la plupart des gens travaillaient là où ils vivaient. Certains membres de la famille travaillaient comme cuisiniers, nettoyeurs, gardiens ou artisans travaillant le tissu, le métal, le bois et la pierre dans les pièces de la maison. D'autres travaillaient dans les champs proches de la maison en tant qu'ouvriers, bergers ou journaliers. Le "ménage" désigne l'ensemble des entreprises de production, ainsi que la famille élargie, les employés et peut-être les esclaves qui y travaillent et y vivent. En tant que gestionnaire d'une maison, la femme courageuse est comme un homme d'affaires moderne ou un cadre supérieur. Lorsqu'elle "veille à la gestion de sa maison" (Prov. 31:27), elle s'acquitte d'un devoir fiduciaire de confiance envers tous ceux qui dépendent de son entreprise.

Cela ne signifie pas que nous ne pouvons pas travailler pour notre propre compte. L'obligation de la femme courageuse envers sa famille correspond à l'obligation de sa famille envers elle. En d'autres termes, il est normal qu'elle reçoive une part des revenus du ménage pour son usage personnel. Le passage demande à ses enfants, à son mari et à toute la communauté de l'honorer et de la louer. "Ses enfants se lèvent et l'appellent bienheureuse, son mari aussi, et ils la louent..... Donnez-lui le fruit de ses mains, et que ses œuvres la louent aux portes" (Proverbes 31:28, 31).

Notre devoir fiduciaire exige que nous ne nuisions pas à nos employeurs dans la poursuite de nos propres besoins. Nous pouvons nous disputer avec eux ou nous quereller sur la manière dont ils nous traitent, mais nous ne devons pas leur nuire. Par exemple, nous ne pouvons pas voler (Prov. 29:24), détruire (Prov. 18:9) ou calomnier (Prov. 10:18) nos employeurs pour exprimer nos griefs. Certaines façons d'appliquer ce principe sont évidentes. Nous ne devons pas facturer à un client des heures non travaillées. Nous ne devons pas détruire les biens de nos employeurs ni les accuser à tort. Réfléchir à ce principe peut conduire à des implications et des questions plus profondes : est-il juste de nuire à la productivité ou à l'harmonie de l'organisation en n'aidant pas nos rivaux internes ? La possibilité d'obtenir des avantages personnels - tels que des voyages, des prix, des biens gratuits et autres - nous incite-t-elle à favoriser certains fournisseurs au détriment des intérêts de notre employeur ? L'obligation mutuelle que les employés et les employeurs ont les uns envers les autres est une question sérieuse.

Le même devoir s'applique aux organisations qui ont une obligation fiduciaire envers d'autres organisations. Il est normal qu'une entreprise marchande avec ses clients pour obtenir un prix plus élevé. Toutefois, il est répréhensible de tirer profit en profitant secrètement d'un client, comme l'ont fait plusieurs banques d'investissement en chargeant leurs représentants de recommander aux clients des obligations hypothécaires collatéralisées (CMO) comme s'il s'agissait d'investissements solides, tout en vendant à découvert des CMO dans l'attente d'une baisse de leur valeur.

La crainte du Seigneur est la norme de la responsabilité fiduciaire. "Ne soyez pas sages à vos propres yeux, mais craignez le Seigneur et éloignez-vous du mal" (Proverbes 3:7). Nous sommes tous tentés de nous servir nous-mêmes au détriment des autres. C'est le résultat de la chute. Cependant, ce proverbe nous dit que la crainte de l'Éternel - le souvenir de sa bonté envers nous, de sa providence sur toutes choses et de sa justice lorsque nous faisons du mal aux autres - nous aide à accomplir notre devoir envers les autres.

# L'honnêteté, qualité d'un travailleur fiable

L'honnêteté est un autre aspect essentiel de la fiabilité. Elle est si importante qu'un proverbe assimile la vérité à la sagesse elle-même. "Achetez la vérité et ne la vendez pas ; acquérez la sagesse, l'instruction et l'intelligence" (Proverbes 23:23). L'honnêteté consiste autant à dire la vérité qu'à agir honnêtement.

Le chapitre 6 contient une liste reconnue de sept choses que Dieu déteste, et deux de ces sept choses sont des formes de malhonnêteté : "une langue menteuse" et "un faux témoin qui dit des mensonges" (Prov. 6:16-19). Tout au long du livre des Proverbes, l'importance de dire la vérité nous est rappelée.

Écoutez, car je dirai des choses excellentes, et, par l'ouverture de mes lèvres, la droiture. Car ma bouche dira la vérité ; la méchanceté est en abomination à mes lèvres (Prov. 8:6-7).

Un témoin véridique sauve des vies, mais un menteur est un traître (Prov 14:25).

S'amasser des trésors avec une langue menteuse, c'est chercher la mort, et s'amasser des trésors avec une langue menteuse, c'est chercher la mort (Prov 21:6).

Le faux témoin ne restera pas impuni, et le menteur n'échappera pas (Prov 19:5).

Ne porte pas de faux témoignage contre ton prochain et ne trompe pas avec tes lèvres (Prov 24:28).

Celui qui cache sa haine a des lèvres menteuses, et celui qui répand la calomnie est un insensé. En d'autres termes, la transgression est inévitable, mais celui qui retient ses lèvres est sage (Proverbes 10:18-19).

Celui qui dit la vérité dit ce qui est juste, mais le faux témoin dit des mensonges. Il y en a un qui parle comme un coup d'épée, mais la langue du sage guérit. Les lèvres véridiques subsistent à jamais, mais la langue menteuse ne dure qu'un instant. Il y a de la tromperie dans le cœur de ceux qui méditent le mal, Mais il y a de la joie dans les conseillers de la paix (Proverbes 12:17-20).

Les lèvres menteuses sont une abomination pour le Seigneur, mais ceux qui agissent fidèlement font ses délices (Prov 12:22).

L'homme qui porte un faux témoignage contre son prochain est comme une massue, une épée et une flèche acérée (Pr 25,18).

Celui qui hait cache sa haine sur ses lèvres, mais son cœur est plein de tromperie. Si sa voix est agréable, ne le crois pas, car il y a sept abominations dans son cœur (Proverbes 26:24-25).

Bien que la Bible tolère le mensonge et la tromperie dans certaines circonstances inhabituelles (par exemple, Rahab la prostituée dans Jos 2:1-6, les sages-femmes hébraïques lorsqu'elles mentent à Pharaon dans Ex 1:15-20, et David lorsqu'il ment au prêtre dans 1 Samuel 21:1-3), les Proverbes interdisent le mensonge et la tromperie dans la vie et le travail de tous les jours. Les Proverbes interdisent le mensonge et la tromperie dans la vie quotidienne et au travail, non seulement parce que c'est mal de mentir, mais aussi parce qu'il est essentiel de dire la vérité. Nous nous gardons de mentir, non pas tant parce qu'il y a une règle qui l'interdit, mais parce que, vivant dans le respect de Dieu, nous aimons la vérité.

Le mensonge est destructeur et conduit finalement à la punition et à la mort. Nous sommes avertis non seulement d'éviter la tromperie, mais aussi de nous méfier des trompeurs qui nous entourent. Nous ne devons pas nous laisser prendre par leurs mensonges. Nous reconnaissons ici que nous pouvons être enclins à croire les mensonges que nous entendons. Comme pour les commérages (qui sont souvent des mensonges déguisés en vérité), nous découvrons qu'un mensonge nous permet de faire partie du cercle des personnes qui le savent, et nous aimons cela. Ou bien nous découvrons que, dans notre propre perversité, nous voulons croire le mensonge. Mais les proverbes nous avertissent fortement de nous tenir à l'écart de ceux qui mentent. Un lieu de travail où l'on ne dit que la vérité (dans l'amour, voir Eph 4:15) est une utopie, mais Dieu nous appelle à faire partie de ceux qui évitent la langue mensongère.

Bien que nous considérions le mensonge et la malhonnêteté comme des péchés individuels, les organisations peuvent également développer une culture de la malhonnêteté. Leurs pratiques commerciales, leur publicité et même l'identité de leur marque peuvent être fondées sur la tromperie. De plus, les personnes à tous les niveaux de l'organisation sont enclines à mentir. Un employé ment sur sa carte de pointage. Un cadre falsifie une note de frais. Un courtier en prêts hypothécaires trompe un client sur les termes d'un contrat. Un directeur d'école améliore les résultats de son établissement en modifiant les réponses des élèves aux tests standardisés qu'il administre. En revanche, certaines organisations développent une forte culture de l'honnêteté. Un moyen efficace de développer une culture de l'honnêteté consiste pour les dirigeants à reconnaître publiquement leurs erreurs et à en assumer la responsabilité. Cela renforce le message selon lequel il est plus important de dire la vérité que de maintenir une image parfaite.

Près de la moitié des proverbes qui traitent de la vérité interdisent spécifiquement le faux témoignage, faisant ainsi écho au neuvième commandement (Ex 20:16). Si tromper les autres est généralement impie, falsifier le récit des actions d'une autre personne est un crime qui "ne restera pas impuni" (Pr 19,5). Le faux témoignage implique l'agression directe d'une personne innocente. Cependant, il s'agit peut-être de la forme la plus courante de mensonge professionnel, après la publicité mensongère. Alors que la publicité mensongère s'adresse à des personnes extérieures (clients) qui sont susceptibles de se méfier des stratégies de vente et ont souvent d'autres sources d'information, le faux témoignage est une attaque contre un collègue et est susceptible d'être accepté sans scepticisme au sein de l'organisation. Il se produit lorsque nous essayons de rejeter la faute ou le mérite sur autrui en donnant de fausses informations sur le rôle et les actions des autres. Elle affecte non seulement les responsables des actions que nous commentons à tort, mais aussi l'ensemble de l'organisation, car une entité qui ne comprend pas avec précision les raisons de ses succès et de ses échecs actuels ne sera pas en mesure d'apporter les changements nécessaires pour s'améliorer et s'adapter. C'est comme tirer sur quelqu'un dans un sous-marin : non seulement la victime est blessée, mais le sous-marin coule et tout l'équipage se noie.

# Actions honnêtes

Comme les paroles, les actes peuvent être vrais ou faux. "Le juste a horreur du mensonge, mais le méchant devient odieux et méprisable. (Proverbes 13:5 NIV, accentuation ajoutée). L'acte malhonnête le plus fréquent dans les Proverbes est l'utilisation de faux poids et de fausses mesures. "Les poids et les balances sont à l'Éternel, et toutes les balances du sac sont son œuvre" (Pr 16:11). Inversement, "Les fausses balances sont en abomination à l'Éternel, mais les vrais poids font ses délices" (Pr 11,1). "Les poids inégaux sont en abomination à l'Éternel, et les balances fausses ne sont pas bonnes" (Prov 20:23). Les faux poids et les fausses mesures trompent le client sur le produit vendu. Les exemples de ce type de malhonnêteté comprennent l'étiquetage erroné d'un article, l'abaissement de la qualité convenue, la présentation erronée de son origine et la présentation erronée et flagrante de sa quantité. De telles pratiques sont une abomination pour Dieu. En revanche, le simple fait de mesurer correctement est un plaisir pour le Seigneur. En fait, il se réjouit lorsque les gens développent des pratiques commerciales honnêtes.

Il existe des raisons pratiques d'agir honnêtement. À court terme, les actes malhonnêtes peuvent générer plus de revenus, mais à long terme, les clients s'en apercevront et décideront de ne plus faire affaire avec nous. En fin de compte, c'est la crainte du Seigneur qui nous guide, même lorsque nous pensons que nous pouvons nous en sortir en étant malhonnêtes d'un point de vue humain. "L'inégalité des poids et des mesures est une abomination pour le Seigneur" (Prov. 20:10).

Outre les faux poids et mesures, il existe d'autres façons d'être malhonnête au travail. Un exemple tiré de l'Ancien Testament concerne la propriété foncière, qui était matérialisée par des bornes. Une personne malhonnête pouvait secrètement modifier ces limites pour étendre sa propriété aux dépens de son voisin. Les Proverbes condamnent de tels actes malhonnêtes. "Ne déplace pas l'ancienne frontière, ne pénètre pas dans l'héritage de l'orphelin, car son rédempteur est fort, il plaidera sa cause contre toi" (Pr 23, 10-11). Ce proverbe établit un lien entre la malhonnêteté et ses conséquences. La malhonnêteté cause non seulement un préjudice informationnel (comme tromper les gens en leur faisant croire quelque chose qui n'est pas vrai), mais aussi un préjudice matériel (comme voler une propriété en déplaçant un panneau de délimitation). Les Proverbes n'énumèrent pas tous les types d'actes malhonnêtes qui pouvaient être commis par l'ancien peuple d'Israël, et encore moins dans notre monde actuel, mais ils établissent le principe selon lequel les actes malhonnêtes sont aussi détestables pour le Seigneur que les paroles malhonnêtes.

À quoi ressemble la malhonnêteté, tant en paroles qu'en actes, sur le lieu de travail d'aujourd'hui ? Si nous nous rappelons que l'honnêteté est une caractéristique de la fiabilité, le critère de l'honnêteté se mesure en posant la question suivante : "Les gens peuvent-ils faire confiance à ce que je dis et à ce que je fais ? "Est-ce techniquement vrai ?". Il existe des moyens de porter atteinte à la confiance sans commettre de fraude pure et simple. Les contrats peuvent être modifiés de manière à avantager injustement la partie qui dispose des avocats les plus compétents. Les produits peuvent être décrits en termes trompeurs, par exemple en disant qu'un aliment "augmente l'énergie" alors qu'il s'agit en réalité d'un produit "calorique". En fin de compte, selon les Proverbes, Dieu intercédera en faveur de ceux qui ont été trompés de cette manière et ne tolérera pas de tels actes (Proverbes 23:11). En attendant, les travailleurs sages - c'est-à-dire pieux - évitent de telles pratiques.

Les Proverbes reviennent sans cesse sur le thème de l'honnêteté. "L'intégrité des hommes droits les guidera, mais la perversité des perfides les fera périr" (Prov 11,3). "Le pain obtenu par le mensonge est doux à l'homme, mais ensuite sa bouche est remplie de gravier" (Pr 20,17). Un curieux proverbe met en évidence une autre forme de tromperie : "Mal, mal, dit l'acheteur, mais quand il s'en va, il se vante" (Proverbes 20:14). Dénigrer délibérément un produit que l'on désire pour le payer moins cher et se vanter ensuite de notre "bonne affaire" est aussi une forme de malhonnêteté. Dans le monde du marchandage entre acheteurs et vendeurs avertis, cette pratique relève plus du divertissement que de l'abus. Mais sous sa forme moderne de ruse - comme lorsqu'un candidat politique tente de convaincre les électeurs anglophones qu'il sera intraitable sur l'immigration tout en essayant de convaincre les électeurs hispaniques du contraire - elle révèle la tromperie qui se cache derrière la déformation délibérée de la réalité.

Plus généralement, Proverbes 20:14 recommande de négocier honnêtement plutôt que de tromper. Le promoteur immobilier Jack van Hartesvelt décrit la différence : "Voici comment cela [le marchandage] fonctionne habituellement. Si je veux obtenir trois pour cent, je dois dire à l'autre partie que je veux quatre pour cent, sachant qu'elle doit me convaincre d'accepter trois pour cent pour avoir le sentiment d'avoir 'gagné'. Toute la négociation est basée sur un mensonge". Il ajoute qu'après de nombreuses années passées à faire des affaires de cette manière, il a constaté qu'il est en fait plus avantageux de négocier honnêtement afin que les deux parties puissent travailler ensemble et trouver une solution mutuellement bénéfique.

# La diligence du travailleur avisé

La femme courageuse est diligente, ce que les Proverbes décrivent de trois façons : (1) travail acharné, (2) planification à long terme et (3) rentabilité. Grâce à sa diligence dans ces domaines, elle a confiance en l'avenir.

# Le travailleur dévoué ne s'arrête pas là

La femme courageuse "travaille volontiers de ses mains" (Proverbes 31:13), ce qui signifie qu'elle choisit de travailler sans relâche pour atteindre les objectifs de la maison. Elle "se lève quand il fait encore nuit" (Pr 31,15). "Il fabrique des toiles de lin et les vend (Pr 31,24). "Avec son salaire, il plante une vigne" (Pr 31,16). C'est beaucoup de travail.

Dans une économie agraire, le lien entre le travail et la prospérité est facile à comprendre. Tant qu'ils ont accès à des terres à cultiver, les travailleurs acharnés s'en sortent beaucoup mieux que les paresseux. Les proverbes indiquent clairement qu'un travailleur paresseux sera perdant à la fin.

Pauvre est celui qui travaille d'une main paresseuse, mais la main de celui qui est diligent devient riche. Celui qui amasse pendant l'été est un fils sage, mais celui qui dort pendant la moisson est un fils honteux (Proverbes 10:4-5).

Je passai près du champ du paresseux et de la vigne de l'insensé ; et voici, il était envahi par les chardons, sa surface était couverte d'orties, et sa clôture de pierre était démolie. Quand j'ai vu cela, j'ai réfléchi ; j'ai regardé et j'ai été instruit. Un peu de sommeil, un peu d'assoupissement, un peu de repli des mains pour se reposer, et ta pauvreté viendra comme un voleur, et ta disette comme un homme armé (Prov. 24:30-34).

Dans l'ancien Proche-Orient, le travail acharné apportait la prospérité, mais même une semaine de repos pendant la récolte pouvait signifier un manque de nourriture pour l'hiver.

Les économies modernes (du moins dans les pays développés) peuvent couvrir cet effet à court terme. En période de prospérité, lorsque presque tout le monde a un emploi, le travailleur paresseux peut être employé et sembler réussir aussi bien que le travailleur acharné. De même, en période de récession économique (et à tout moment dans de nombreuses économies émergentes), un travailleur acharné ne réussira peut-être pas mieux à trouver un emploi qu'un paresseux. Et à tout moment, la récompense du travail peut être affectée par la discrimination, les règles d'ancienneté, les contrats syndicaux, le favoritisme, le népotisme, les parachutes dorés, l'évaluation erronée des performances, l'ignorance des dirigeants et bien d'autres facteurs.

Cela rend-il pour autant obsolètes les proverbes sur l'assiduité au travail ? La réponse est non, pour deux raisons. Premièrement, même dans les économies modernes, l'assiduité au travail tend à être récompensée tout au long de la vie professionnelle. Lorsque les emplois sont rares, les travailleurs assidus ont plus de chances de conserver leur emploi ou d'en trouver un nouveau rapidement. Deuxièmement, la motivation première de la diligence n'est pas la prospérité personnelle, mais la crainte du Seigneur, comme nous l'avons vu avec les autres vertus des Proverbes. Nous sommes diligents parce que le Seigneur nous appelle à nos tâches, et la crainte qu'il nous inspire nous incite à faire preuve de diligence dans notre travail.

La paresse ou le manque de diligence dans le travail est destructeur. Tous ceux d'entre nous qui ont eu des collègues paresseux peuvent apprécier ce dicton puissant : "Comme le vinaigre pour les dents et la fumée pour les yeux, ainsi est le paresseux pour ceux qui l'envoient" (Prov. 10:26). Il est terrible d'être coincé dans la même équipe que des personnes qui ne veulent pas prendre leur part de la charge.

# La planification à long terme d'un travailleur diligent

La femme sage planifie à l'avance. Elle "apporte sa nourriture de loin" (Pr 31,14), ce qui signifie qu'elle ne compte pas sur des achats de dernière minute dont la qualité et le coût peuvent être discutables. Elle "évalue un champ" (Pr 31,16) avant de l'acheter, analysant son potentiel à long terme. Elle prévoit également de planter une vigne dans ce champ particulier (Prov 31:16), et les vignes ne produisent leur première récolte que deux ou trois ans après la plantation. Le fait est qu'il prend des décisions en fonction de leurs conséquences à long terme. Proverbes 21:5 nous dit que "les projets des hommes prudents sont un avantage, mais ceux qui se hâtent sont condamnés à la pauvreté".

Une planification intelligente exige de prendre des décisions qui ont des résultats à long terme, comme le montre le cycle de gestion des actifs des exploitations agricoles.

Connais bien l'état de tes troupeaux, et prends soin de tes bêtes ; car la richesse ne dure pas toujours, et il n'y a pas de couronne pour toutes les générations. Quand l'herbe sera desséchée, que les petits seront vus, et que les herbes des montagnes seront cueillies, les agneaux te serviront de vêtement, et les chèvres de prix pour un champ ; il y aura assez de lait de chèvre pour ta nourriture, pour la nourriture de ta famille et pour la nourriture de tes servantes (Prov. 27:23-27).

Comme la femme courageuse qui plante une vigne, le berger avisé pense aux années à venir. De même, le dirigeant ou le roi sage doit avoir une vision à long terme. "Par la transgression du pays, nombreux sont ses princes ; mais c'est par un homme intelligent et sage qu'il s'affermit" (Proverbes 28:2). Les Proverbes utilisent également les fourmis comme exemple de diligence à long terme.

Vois la fourmi, paresseuse, observe sa voie, et sois sage. Elle n'a ni chef, ni officier, ni seigneur ; Elle prépare sa nourriture pendant l'été, Et elle la recueille pendant la moisson. Combien de temps, paresseuse, te coucheras-tu, Et quand te lèveras-tu de ton sommeil ? Un peu de sommeil, un peu d'assoupissement, un peu de repli des mains pour se reposer, et ta pauvreté viendra comme un vagabond, et ta disette comme un homme armé. (Proverbes 6:6-11)

La planification préalable est un aspect qui peut être envisagé de diverses manières sur le lieu de travail. La planification financière est mentionnée dans Proverbes 24:27 : "Mets de l'ordre dans tes travaux des champs, et tiens-toi prêt dans les champs ; puis bâtis ta maison". En d'autres termes, ne commencez pas à construire votre maison tant que vos champs ne produisent pas les fonds nécessaires à l'achèvement du projet de construction. Jésus reprend cette idée dans Luc 14:28-30 :

"En effet, lequel d'entre vous, s'il veut bâtir une tour, ne s'assied d'abord pour en calculer le prix, afin de voir s'il a de quoi l'achever ? De peur que, lorsqu'il aura posé le fondement et qu'il ne pourra pas l'achever, tous ceux qui le voient ne se mettent à se moquer de lui, en disant : 'Cet homme a commencé à bâtir et n'a pas pu achever'.

Il existe de nombreuses autres façons de planifier, et bien que nous ne puissions pas attendre des Proverbes qu'ils servent de manuel de planification pour une entreprise moderne, nous pouvons à nouveau observer la relation entre la sagesse des Proverbes sur la façon de planifier et le caractère de Dieu.

Les projets du cœur sont ceux de l'homme, mais la réponse de la langue est celle du Seigneur (Pr 16,1).

Les projets du cœur de l'homme sont nombreux, mais le conseil de l'Éternel subsiste (Prov. 19:21).

Dieu fait des plans à très long terme, et il est sage que nous en fassions aussi, mais nous devons être humbles dans nos plans. Contrairement à Dieu, nous n'avons pas le pouvoir de réaliser tous nos projets. "Ne vous glorifiez pas du lendemain, car vous ne savez pas ce que la journée vous réserve" (Proverbes 27:1). Planifions avec sagesse, parlons avec humilité et vivons avec l'espoir que les plans de Dieu sont notre plus grand désir.

La prise en compte des conséquences à long terme est peut-être la compétence la plus importante pour réussir. Par exemple, la recherche en psychologie a montré que la capacité à retarder la gratification - la capacité à prendre des décisions basées sur des résultats à long terme - est un meilleur indicateur de la réussite scolaire que le quotient intellectuel. Malheureusement, les chrétiens semblent parfois interpréter des passages tels que "ne vous inquiétez pas du lendemain" (Matthieu 6:34) comme signifiant "ne faites pas de plans pour l'avenir". Les Proverbes -

ainsi que les paroles de Jésus lui-même - démontrent que cette interprétation est erronée et complaisante. En fait, toute la vie chrétienne, avec son attente du retour du Christ pour achever le royaume de Dieu, est une vie de planification à long terme.

# Comment un travailleur diligent contribue-t-il à la rentabilité de l'entreprise ?

———

La femme courageuse s'assure que le travail de ses mains est commercialisable. Elle sait ce que les marchands achèteront (Pr 31,24), choisit soigneusement ses matériaux (Pr 31,13) et travaille sans relâche pour s'assurer que le produit est de haute qualité (Pr 31,18b). Sa récompense est que "son profit est bon" (Pr 31,18a) et qu'il fournit les ressources dont sa famille et sa communauté ont besoin. Les Proverbes montrent clairement que la diligence d'un travailleur individuel contribue à la rentabilité - à l'augmentation de la valeur - de l'ensemble de l'entreprise. "Les projets des travailleurs sont certainement profitables, mais ceux des hâtifs seront certainement pauvres" (Prov 21:5). L'exemple inverse est donné par le proverbe : "Celui qui est paresseux dans son travail est le frère de celui qui détruit" (Pr 18,9). Un travailleur paresseux ne vaut pas mieux que celui qui s'emploie délibérément à détruire l'entreprise. Tout cela anticipe la parabole des talents de Jésus (Mt 25, 14-30).

Lorsque nous nous rappelons que ces proverbes sur le profit sont basés sur le caractère de Dieu, nous voyons que Dieu veut que nous travaillions avec profit. Il ne suffit pas d'accomplir les tâches qui nous sont confiées. Nous devons examiner si notre travail ajoute réellement de la valeur aux matériaux, au capital et au travail qui ont été investis. Dans un monde d'économies ouvertes, la concurrence féroce suggère qu'il peut être difficile de faire du profit. Ceux qui ne sont pas diligents - les paresseux les complaisants ou les prodigues - peuvent rapidement tomber dans les pertes, la faillite et la ruine. Les personnes diligentes - celles qui travaillent dur, sont créatives et concentrées - rendent un service divin en permettant à leurs entreprises de fonctionner de manière rentable.

Il est évident que tout le monde ne travaille pas dans des entreprises à but lucratif. Lorsque nous cherchons à appliquer les activités rentables de femmes courageuses au monde universitaire, au gouvernement, à l'armée, à la gestion des ménages, aux organisations caritatives et à d'autres domaines à but non lucratif, nous devons traduire la "rentabilité" en "valeur". Mais avant de trop généraliser, examinons la question spécifique de la rentabilité des entreprises. Souvent, les chrétiens ne reconnaissent pas l'importance de la rentabilité dans une perspective biblique. En fait, la rentabilité a tendance à être considérée avec suspicion et débattue dans la rhétorique de "l'homme contre le profit". L'idée est que la rentabilité ne vient pas de l'utilisation des revenus pour créer quelque chose de plus précieux, mais de l'arnaque des acheteurs, des travailleurs ou des fournisseurs. Cette idée est le fruit d'une vision inadéquate des affaires et de l'économie. Une critique véritablement biblique de l'entreprise poserait des questions telles que : "Quel genre de profits ? "Quelle est la source des profits ? "Comment les profits sont-ils répartis entre les travailleurs, les dirigeants, les propriétaires, les prêteurs, les fournisseurs, les clients et les impôts ? Cela permettrait d'encourager et d'honorer les travailleurs et les entreprises qui produisent un rendement honnête de leur travail.

Tous les salariés ne sont pas en mesure de savoir si leur travail est rentable ou non. Les employés d'une grande entreprise peuvent avoir une connaissance limitée de la contribution positive de leur travail à la rentabilité de l'entreprise. La rentabilité au sens comptable du terme ne joue aucun rôle dans l'enseignement, l'administration publique, les entreprises à but non lucratif et les ménages. Cependant, tous les travailleurs peuvent prêter attention à la manière dont leur travail contribue à la valeur ou à la mission de l'organisation et analyser si la valeur qu'ils ajoutent est supérieure au salaire et aux autres ressources qu'ils reçoivent. C'est une façon de servir le Seigneur.

La gestion profitable du ménage par la femme courageuse est louée. "Sa valeur dépasse de loin celle des bijoux" (Proverbes 31:10). Il ne s'agit pas d'une métaphore sentimentale, mais d'une vérité littérale. Il est certain qu'au fil des ans, une entreprise bien gérée peut produire des bénéfices qui dépassent la valeur des bijoux et autres richesses.

# Préparer un avenir radieux : travailler avec diligence

———

La diligence de la femme courageuse lui donne de l'enthousiasme pour l'avenir. "La force et la dignité sont ses vêtements, et elle sourit à l'avenir" (Prov 31:25). Bien que les proverbes ne promettent pas la prospérité personnelle, en général, notre diligence produit un meilleur avenir.

Celui qui cultive sa terre sera rassasié de pain, mais celui qui poursuit des choses vaines manque d'intelligence (Proverbes 12:11).

Celui qui cultive sa terre sera rassasié de pain, mais celui qui poursuit la vanité sera comblé de pauvreté (Pr 28,19).

La main de l'industrieux dominera, mais le paresseux sera soumis à un dur labeur (Prov 12:24).

Le travail acharné n'est pas une garantie contre l'affliction ou même un désastre futur. Cependant, les sages font confiance à Dieu pour l'avenir, et les diligents peuvent être sûrs qu'ils ont fait ce que Dieu voulait pour eux-mêmes, leur famille et leur communauté.

# La ruse du travailleur avisé

La femme courageuse est un exemple de prudence exceptionnelle dans son travail. Les Proverbes décrivent cette vertu sous le nom de "prudence" (Prov 19:14) ou de "sagesse" (Prov 1:4). Nous avons tendance à penser que les personnes prudentes sont celles qui profitent des autres, mais ce terme dans les Proverbes transmet l'idée de tirer le meilleur parti des ressources et des circonstances. Si nous comprenons la sagesse comme "une conscience intelligente de discernement et de prudence pratique", nous voyons le type de sagesse prudente que Dieu veut que les travailleurs aient.

# Le travailleur avisé a une conscience et un bon jugement

La sagesse de cette femme courageuse se manifeste dans le fait qu'elle est très consciencieuse dans l'approvisionnement de ses matériaux. "Elle recherche la laine et le lin.... Elle est comme un navire marchand" (Prov 31:13-14). Les fabricants ou les artisans d'aujourd'hui peuvent faire preuve de sagesse dans le choix des matériaux ou, faute de sagesse, se contenter de matériaux qui ne fonctionneront pas bien. De grands résultats pourraient être obtenus à l'avenir si l'on investissait davantage dans la recherche et le développement, l'analyse du marché, la logistique, les partenariats stratégiques et l'implication de la communauté. Au niveau individuel, un bon jugement est inestimable. Un conseiller en investissement capable de faire correspondre les besoins futurs d'un client avec les risques et les avantages des différents instruments d'investissement fournit un service divin.

# Se préparer à l'inévitable : la ruse d'un travailleur

La femme courageuse "ne craint pas la neige à cause de sa maison, car toute sa maison est vêtue d'écarlate. Elle se fait des manteaux ; ses vêtements sont de fin lin et de pourpre" (Proverbes 31:21-22). Ses préparatifs matériels couvrent toutes les éventualités de l'hiver à venir. Il prépare les divers vêtements et manteaux qui peuvent être nécessaires à sa maison, indépendamment de ce que chaque saison apporte. Les descriptions indiquent des matériaux fins ou somptueux (" lin fin et pourpre ") et, en outre, le mot hébreu sanim traduit par " écarlate " peut être une erreur de copiste, signifiant " double " (shenayim), c'est-à-dire multicouche et chaud.

Cette femme est attentive aux difficultés qui peuvent survenir et s'efforce de trouver des solutions avant que les problèmes ne surviennent. Pensez, par exemple, aux préparatifs qu'elle fait pour son mari. En arrangeant les vêtements et les manteaux, elle garde à l'esprit le rôle de son mari en tant que personnage public : "Son mari est connu aux portes, lorsqu'il est assis avec les anciens du pays" (Pr 31,23). Et s'il neige alors que son mari est au milieu d'une affaire publique ? Il n'y a pas lieu de s'inquiéter, car "toute sa maison" - y compris son mari - est habillée de manière appropriée en toute occasion.

# À la recherche d'un conseil avisé : un travailleur avisé

Un mythe persistant dans certains cercles veut que les dirigeants avisés méprisent les conseils. Leur propre sagesse consiste à déceler des opportunités que d'autres ignorent tout simplement. Il est vrai que les conseils ne sont pas nécessairement sages parce qu'ils sont donnés par de nombreuses personnes. "Il n'y a ni sagesse, ni intelligence, ni conseil devant l'Éternel" (Prov 21:30). Si une idée est mauvaise ou erronée ("aux yeux de l'Éternel"), le nombre de personnes qui disent le contraire ne peut pas la rendre bonne ou sage.

Cependant, le mythe du génie qui réussit en allant à l'encontre de tous les conseils n'est presque jamais vrai. La créativité et l'excellence reposent sur une variété de points de vue. L'innovation prend en compte le connu pour entrer dans l'inconnu. En règle générale, les grands dirigeants qui rejettent la sagesse conventionnelle la maîtrisent d'abord avant de la dépasser : "Sans conseil, les projets sont voués à l'échec, mais avec de nombreux conseillers, ils réussissent" (Proverbes 15:22). Et dans les Proverbes 20:18, nous lisons : "C'est par le conseil que se forment les projets, et c'est par un sage conseil que l'on fait la guerre". La personne sage utilise les forces complémentaires des autres, même lorsqu'elle se trouve en terrain inconnu.

# Compétences et connaissances développées par un travailleur avisé

a femme courageuse "se ceint de force et affermit ses bras" (Proverbes 31:17). Cela signifie qu'elle se consacre au perfectionnement de ses compétences pour accomplir son travail. Elle fortifie ses bras et se ceint de force. Une personne sage agit pour améliorer ses compétences ou ses connaissances.

L'économie industrielle des pays développés ayant cédé la place à une économie technologique, l'éducation et la formation sont devenues indispensables pour les employeurs et les travailleurs. Il en va de même dans de nombreuses économies émergentes. L'emploi auquel vous êtes préparé aujourd'hui n'est peut-être pas celui que vous occuperez dans dix ans. Un travailleur intelligent reconnaît cette perspective et se forme en vue de la prochaine opportunité qui pourrait se présenter dans le cadre de son emploi. De même, les employeurs ont de plus en plus de mal à trouver des travailleurs possédant les compétences requises pour de nombreux emplois actuels. Les individus, les organisations et les sociétés les plus performants seront ceux qui développeront des systèmes efficaces pour soutenir l'apprentissage tout au long de la vie.

# Sagesse et générosité du travailleur

Une femme courageuse est généreuse. Elle tend la main au pauvre et donne à l'indigent" (Proverbes 31:20). Nous sommes habitués à ce que la Bible exalte la générosité, et ici la femme courageuse est louée pour cette vertu. Cependant, nous ne devrions pas limiter sa générosité à un trait agréable de sa personnalité. Sa générosité fait partie de son travail, comme le montre la relation entre les versets 31:19 et 31:20 :

Il étend ses mains [héb. yade] vers la quenouille, et ses mains [kappe] prennent le fuseau.

Il tend sa main [kap] au pauvre et ses mains [yade] à l'indigent.

Dans ces deux versets, il y a deux mots hébreux différents traduits par "main" (ou le pluriel "mains"). Si nous examinons le texte hébreu original, nous constatons qu'ils sont présentés dans l'ordre yade, kappe dans le premier verset, et dans l'ordre inverse, kap, yade (kappe est le pluriel de kap) dans le second verset. Cette structure "chiastique" de l'ABBA est courante dans la Bible et indique que l'ensemble de la structure forme une seule unité de pensée. En d'autres termes, sa générosité est indissociable de son travail. Parce qu'elle est douée pour le tissage, elle a quelque chose à donner aux pauvres, et inversement, son esprit généreux est un élément essentiel de sa capacité d'entrepreneur ou de manager.

En d'autres termes, les Proverbes disent que la générosité et l'intendance ne s'excluent pas mutuellement. Être généreux envers ceux qui sont dans le besoin avec ses propres ressources ne diminue pas la richesse, mais l'augmente au contraire. Cet argument contradictoire apparaît tout au long des Proverbes. La plupart des gens retiennent leur générosité de peur que s'ils donnent trop, ils n'aient pas assez pour eux-mêmes. Mais les Proverbes enseignent exactement le contraire :

Il y a ceux qui distribuent, et il s'en ajoute d'autres, et il y a ceux qui retiennent ce qui est juste, pour en avoir moins. L'âme généreuse prospérera, et celui qui arrose sera arrosé. Celui qui retient le grain sera maudit par le peuple, mais celui qui le vendra aura une bénédiction sur la tête (Prov. 11:24-26).

Celui qui a pitié du pauvre prête à l'Éternel, et l'Éternel le récompensera de sa bonne action (Pr 19,17).

Celui qui donne aux pauvres ne manquera de rien, mais celui qui ferme les yeux sera maudit (Prov 28,27).

# Travailleur avisé Justice

En plus de faire l'éloge de la générosité, les Proverbes vont plus loin en affirmant que prendre soin des pauvres est une question de justice. Tout d'abord, les Proverbes reconnaissent que les gens sont souvent pauvres parce que les riches et les puissants les trompent ou les oppriment. Ou, s'ils étaient déjà pauvres, ils sont devenus des proies faciles pour d'autres tromperies et oppressions. C'est une abomination pour Dieu, et il jugera ceux qui agissent de la sorte.

Celui qui opprime le pauvre outrage son Créateur, mais celui qui a pitié de l'indigent l'honore (Proverbes 14:31).

Celui qui opprime le pauvre pour accroître sa propre richesse, ou qui donne au riche, ne peut que devenir pauvre (Proverbes 22:16).

Ne dépouillez pas le pauvre, car il est pauvre, et n'écrasez pas le malheureux à la porte, car l'Éternel défendra sa cause et ôtera la vie à ceux qui le dépouillent (Pr 22,22-23).

Celui qui sème l'iniquité moissonnera la vanité, et la verge de sa colère périra. Le généreux sera béni parce qu'il donne de son pain au pauvre (Proverbes 22:8-9).

Celui qui accroît sa richesse par l'intérêt et l'usure, l'amasse pour celui qui a pitié des pauvres (Prov 28,8).

L'essentiel se trouve dans les Proverbes 16:8 : "Un peu vaut mieux dans la justice qu'un grand gain dans l'injustice".

Deuxièmement, même si vous n'avez pas fraudé ou opprimé les pauvres, la justice de Dieu exige que vous fassiez ce que vous pouvez pour rétablir leur bien-être, en commençant par répondre à leurs besoins immédiats.

Celui qui fait la sourde oreille au cri du pauvre criera et ne sera pas entendu (Proverbes 21:13).

Celui qui méprise son prochain pèche, mais celui qui a pitié du pauvre est heureux (Prov 14,21).

Ne refusez pas le bien à ceux à qui il est dû, s'il est en votre pouvoir de le faire. Ne dis pas à ton prochain : "Va et reviens, et demain je te le donnerai si tu l'as sur toi" (Proverbes 3:27-28).

Celui qui se moque du pauvre outrage son Créateur ; celui qui se réjouit de l'adversité ne restera pas impuni (Proverbes 17:5).

Lorsque nous nous souvenons que la sagesse repose sur la crainte de l'Éternel, il est facile de considérer l'aide aux personnes dans le besoin comme une question de justice, et pas seulement de générosité. Cela signifie que la sagesse consiste à vivre dans la crainte de notre Dieu, de sorte que nous cherchons à faire ce qu'il désire pour le monde. Dieu est juste. Il veut que les pauvres soient pris en charge et que la pauvreté soit éliminée. Si nous aimons vraiment Dieu, nous prendrons soin de ceux qu'il aime. Par conséquent, alléger le fardeau des pauvres et travailler à l'élimination de la pauvreté sont des questions de justice.

Il est à noter que nombre de ces dictons supposent un contact personnel entre les riches et les pauvres. La générosité ne consiste pas seulement à envoyer un don, mais à travailler et peut-être même à vivre avec les pauvres. Cela signifie peut-être travailler pour mettre fin à la ségrégation entre les pauvres et les classes moyennes et supérieures en matière de logement, d'achats, d'éducation, de travail et de politique. Avez-vous des contacts quotidiens avec des personnes dont le statut socio-économique est supérieur ou inférieur au vôtre ? Si ce n'est pas le cas, votre monde est peut-être trop petit.

# LA RESPONSABILITÉ SOCIALE DES ENTREPRISES ?

Nous pouvons constater l'importance de la générosité et de l'équité pour un travailleur, mais ces aspects s'appliquent-ils d'une manière ou d'une autre aux entreprises ? La plupart des proverbes concernent des individus, mais le passage sur la femme courageuse parle d'elle en tant que directrice d'une entreprise domestique. Et comme nous l'avons vu, sa générosité n'est pas un obstacle à son travail, mais un élément essentiel de celui-ci.

Malheureusement, il semble que de nombreuses entreprises manquent aujourd'hui d'imagination ou de compétences pour fonctionner d'une manière qui profite à leurs membres et, en même temps, aux personnes qui les entourent. Par exemple, un simple coup d'œil à la section affaires de n'importe quel journal révèle de nombreuses histoires d'entreprises qui tentent d'escroquer ou d'opprimer les pauvres : elles font pression sur les pauvres ou les personnes vulnérables pour qu'ils vendent leurs biens à un prix inférieur à leur juste valeur, exploitent l'ignorance ou le manque d'information pour vendre des produits douteux et réalisent des profits excessifs à court terme sur le dos des personnes vulnérables ou de celles qui n'ont pas d'autre choix.

Pourquoi ces entreprises pensent-elles que s'approprier les ressources d'autrui est le seul - ou le meilleur - moyen de faire du profit ? Existe-t-il des preuves qu'une approche à somme nulle des affaires améliore réellement la rentabilité des partenaires ? Combien de ces pratiques conduisent réellement à une plus grande rentabilité ou à un plus grand pouvoir à long terme ? Au contraire, les meilleures entreprises réussissent parce qu'elles trouvent un moyen durable de produire des biens et des services qui profitent aux clients et à la société, tout en offrant d'excellents rendements aux employés, aux partenaires et aux prêteurs. Les entreprises et autres organisations qui répondent aux besoins sociaux ont un avantage en termes de soutien communautaire, d'engagement des employés et de protection sociale contre les menaces économiques, politiques et concurrentielles.

## LA POLITIQUE DU GOUVERNEMENT ?

Le livre des Proverbes exige également la justice pour les institutions non commerciales. En particulier, le secteur gouvernemental est mis en évidence dans les nombreux versets traitant des rois. Le message qui leur est adressé est le même que pour les entreprises. Les gouvernements ne peuvent survivre à long terme que s'ils prennent soin des pauvres et des faibles et leur rendent justice.

Le roi qui juge les pauvres avec justice établira son trône pour toujours (Proverbes 29:14).

Un roi juste affermit le pays, mais un homme qui accepte un pot-de-vin le détruit (Pr 29,4).

Éloignez les méchants de devant le roi, et son trône sera établi dans la justice (Prov 25:5).

Les lèvres justes font les délices des rois, et celui qui parle avec droiture est aimé (Pr 16,13).

C'est une abomination pour les rois de commettre l'iniquité, car le trône est établi sur la justice (Pr 16:12).

Comme toute sagesse, le fondement d'un gouvernement avisé est la crainte du Seigneur. "C'est par moi que les rois règnent, et que les gouvernants exercent la justice" (Prov. 8:15).

En s'adressant aux rois, les proverbes semblent s'appliquer principalement aux dirigeants politiques et aux fonctionnaires de la société moderne. Toutefois, dans les sociétés démocratiques, tous les citoyens jouent un rôle dans les politiques publiques et le gouvernement. Aujourd'hui, nous pouvons réaliser la justice qui découle de la sagesse en contactant nos représentants et en votant pour des candidats et des questions électorales qui rendent justice aux pauvres et aux vulnérables.

# LA CONCURRENCE ?

Les Proverbes étendent les exigences de la générosité et de la justice à la compétition et au conflit. "Si ton ennemi a faim, donne-lui du pain ; s'il a soif, donne-lui à boire ; tu amasseras ainsi des charbons ardents sur sa tête, et le Seigneur te récompensera" (Pr 25, 21-22). L'apôtre Paul cite textuellement ce proverbe dans Romains 12:20, concluant par le défi suivant : "Ne vous laissez pas vaincre par le mal, mais surmontez le mal par le bien" (Rom 12:21). En outre, "Ne te réjouis pas de la chute de ton ennemi, et que ton cœur ne se réjouisse pas de sa chute" (Proverbes 24:17). Quoi, devrions-nous être généreux même envers un ennemi ? Paul et les auteurs des Proverbes sont convaincus que, si nous le faisons, le Seigneur nous récompensera.

Cela s'applique-t-il à notre attitude vis-à-vis de la concurrence, qu'elle soit individuelle (comme dans le cas de rivaux pour une promotion) ou corporative (comme dans le cas de nos concurrents) ? Les Proverbes ne traitent pas de la concurrence moderne. Toutefois, s'ils encouragent à servir même un ennemi, il est raisonnable d'en déduire qu'ils encouragent également à servir la concurrence. Il ne s'agit pas de collusion ou d'oligarchie. On peut supposer que la domination quasi universelle des économies de marché est due aux avantages qu'apporte la concurrence. Les affaires, la politique et d'autres formes de concurrence sont essentiellement des formes de coopération, même si elles comportent d'importants aspects compétitifs. La société encourage la concurrence afin que tous puissent prospérer. En ce sens, la réponse appropriée à l'échec dans les activités concurrentielles n'est pas de détruire ou d'appauvrir, mais de transformer ou d'orienter vers un travail plus productif. Les entreprises échouent, mais leurs concurrents prospères ne deviennent pas des monopoles. Les élections ont des gagnants et des perdants, mais les gagnants ne réécrivent pas la constitution pour disqualifier le parti perdant. Les carrières connaissent des hauts et des bas, mais la réponse appropriée à un échec n'est pas "vous ne travaillerez plus jamais dans cette ville", mais "de quelle aide avez-vous besoin pour trouver quelque chose qui corresponde mieux à vos talents". Les personnes et les organisations les plus sages apprennent à s'engager dans une compétition qui tire le meilleur parti de la participation de chacun et soulage ceux qui perdent la bataille aujourd'hui mais peuvent apporter une contribution précieuse demain.

# Tenir sa langue : la sagesse d'un travailleur

La femme courageuse fait attention à ce qu'elle dit et à la manière dont elle parle. Les Proverbes nous rappellent que "celui qui garde sa bouche et sa langue garde son âme de la détresse" (Pr 21,23). Parfois, curieusement, ils nous rappellent aussi que "Même le fou qui se tait est considéré comme sage ; s'il ferme les lèvres, il est considéré comme sage" (Pr 17,28).

Il y a plus de proverbes sur la langue que sur tout autre sujet (voir Prov. 6:17, 24 ; 10:20, 31 ; 12:18-19 ; 15:2, 4 ; 16:1 ; 17:4, 20 ; 18:21 ; 21:6, 23 ; 25:15, 23 ; 26:28 ; 28:23 ; et Prov. 31:26). Une langue juste et douce apporte la sagesse (Prov. 10:31), la guérison (Prov. 12:18), la connaissance (Prov. 15:2), la vie (Prov. 15:4 ; 18:21) et la parole du Seigneur (Prov. 16:1). Une langue perverse et insouciante verse le sang innocent (Prov. 6:17), brise l'esprit (Prov. 15:4), encourage le mal (Prov. 17:4), entraîne le désastre (Prov. 17:20), la colère (Prov. 21:23) et l'emportement (Prov. 25:23), brise les os (Prov. 25:15), cause la ruine (Prov. 26:28) et va jusqu'à "chercher la mort" (Prov. 21:6).

D'une manière ou d'une autre, la communication fait partie intégrante de presque tous les emplois. En outre, les conversations informelles sur le lieu de travail peuvent faire ou défaire les relations de travail. Qu'enseignent les proverbes sur l'utilisation judicieuse de la langue ?

# Éviter les commérages, la sagesse du travail

Les commérages sont-ils vraiment un problème sur le lieu de travail, ou s'agit-il simplement de commérages innocents ? Les Proverbes soulignent le danger. "Celui qui bavarde révèle des secrets ; ne fréquente donc pas celui qui bavarde" (Prov 20:19). Les commérages provoquent des querelles. "Les lèvres de l'insensé provoquent des querelles, et sa bouche crie à la dispute. La bouche de l'insensé est sa ruine, et ses lèvres un piège pour son âme. Les paroles du conteur sont comme des bouchées savoureuses, elles pénètrent jusqu'au fond des entrailles" (Pr 18,6-8). "Faute de bois, le feu s'éteint, et là où il n'y a pas de conteur, il y a le silence. Comme les charbons sont pour les charbons, et le bois pour le feu, ainsi un homme querelleur est pour attiser les querelles" (Pr 26,20-21). "L'homme indigne complote le mal, et ses paroles sont comme un feu brûlant. Le méchant excite les querelles, et le calomniateur divise les meilleurs amis" (Pr 16, 27-28). Le commérage est une violation de la confiance, la vertu qui est le fondement d'une personne sage. "Celui qui dénigre son prochain manque d'intelligence, mais le sage se tait. Celui qui bavarde révèle des secrets, mais celui qui a l'esprit fidèle cache des choses" (Prov. 11:12-13).

Les commérages placent les autres dans une position douteuse, méttant en doute leur intégrité ou la validité d'une décision. Le commérage projette le mal sur les motivations des autres, se révélant ainsi être l'enfant du père du mensonge. Les commérages sortent les mots de leur contexte, déforment les intentions de l'orateur, révèlent ce qui aurait dû rester secret et cherchent à élever le commère aux dépens des autres qui ne sont pas présents pour se défendre. Il n'est pas difficile de comprendre à quel point les commérages sur le lieu de travail peuvent être destructeurs. Qu'ils mettent en cause la réputation d'une personne, la valeur d'un projet ou la position d'un responsable, l'ombre de tels propos rend l'entourage de la commère plus suspicieux et méfiant. Cela ne fait que créer des divisions entre les travailleurs, que ce soit dans un bureau, une usine ou une salle de réunion. Il est compréhensible que Paul ait inclus le commérage dans la liste des péchés qui sont une abomination pour Dieu (Romains 1:29).

# La sagesse d'un travailleur s'exprime par la gentillesse et non par la colère

Une femme courageuse "ouvre sa bouche avec sagesse, et dans sa langue se trouve l'enseignement du bien" (Proverbes 31:26). Personne n'aime être la cible d'un accès de colère, et il est facile de voir le danger souligné dans plusieurs proverbes : "Une réponse douce détourne la colère, mais une parole blessante l'excite" (Pr 15,1). "La discrétion d'un homme le rend lent à la colère, et sa gloire est de passer sur l'offense" (Pr 19,11). "L'homme en colère attise les querelles, mais celui qui est lent à la colère les apaise" (Pr 15,18). "Mieux vaut le lent à la colère que le puissant, et celui qui domine son esprit que celui qui s'empare d'une ville" (Pr 16,32).

La beauté de ces proverbes est qu'ils offrent également une image de la personne qui sait gérer correctement sa colère. Nous devons être "en colère" (moralement indignés) contre le péché, mais nous ne devons pas permettre à notre "colère" de nous contrôler. "Soyez en colère, mais ne péchez pas ; ne laissez pas le soleil se coucher sur votre colère" (Eph 4:26). La personne sage donne une réponse aimable, oublie une insulte et apaise une querelle. La "doctrine de la bonté" est sur la langue de la femme courageuse. Ces personnes sont "meilleures que les puissants". Sur le lieu de travail, de telles personnes sont essentielles lorsqu'il y a une escalade de l'agitation ou lorsque le tempérament fort d'une autre personne se manifeste. En tant que disciples de Jésus-Christ, nous pouvons vivre selon le fruit de l'Esprit de Dieu en contrôlant notre langue, non seulement en évitant les mots de colère, mais aussi en exerçant une influence qui apporte la paix là où il y a des querelles.

# Bénédiction du travailleur avisé pour les autres

La bénédiction d'une langue sage est que "une parole prononcée en son temps est comme des pommes d'or enchâssées dans de l'argent. Comme une tige d'or et une parure d'or fin, un homme sage qui réprimande une oreille attentive" (Proverbes 25:11-12). Nous sommes susceptibles d'être entourés de collègues anxieux, et une bonne parole peut être exactement ce dont ils ont besoin. "L'inquiétude dans le cœur d'un homme le déprime, mais une bonne parole le réjouit" (Proverbes 12:25). Nous sommes prêts à dire une bonne parole car "une langue douce est un arbre de vie" (Pr 15,4). En effet, "la mort et la vie sont au pouvoir de la langue, et ceux qui l'aiment en mangeront le fruit" (Pr 18,21).

Sur le lieu de travail électronique d'aujourd'hui, le "langage" ne se limite pas aux mots audibles. Les ragots, les mensonges et les mots de colère peuvent circuler à la vitesse de la lumière par le biais des courriels et des médias sociaux. Nous sommes appelés à discerner, à réaliser que la mort et la vie sont réellement dans les mots que nous utilisons avec ou contre les autres sur le lieu de travail.

# La modestie du travailleur avisé

Les proverbes font l'éloge de la modestie, tant dans l'attitude (éviter l'orgueil excessif) que dans l'utilisation de l'argent (éviter le gaspillage). Ces vertus n'apparaissent pas dans la description de la femme courageuse. Cependant, elles sont si présentes dans les autres Proverbes et s'appliquent si directement à l'œuvre que nous ne pouvons rendre justice au livre sans les mentionner.

# La modestie au travail

"L'orgueil précède la ruine, et l'arrogance la chute. Mieux vaut être humble avec les pauvres que de partager le butin avec les orgueilleux" (Proverbes 16:18-19). Le verset 18 est peut-être le plus célèbre de tous les proverbes, bien qu'il y en ait d'autres.

Quand l'orgueil vient, la honte vient ; mais chez les humbles, il y a la sagesse (Proverbes 11:2).

Les yeux hautains et le cœur arrogant sont la lampe des méchants ; c'est un péché (Pr 21,4).

L'orgueil de l'homme l'humiliera, mais celui qui a l'esprit humble sera honoré (Pr 29,23).

S'agit-il de commandements contre l'amour de soi ? Non, il s'agit plutôt d'un appel à vivre dans une telle crainte de Dieu (la "crainte du Seigneur") que nous pouvons nous voir tels que nous sommes vraiment et être honnêtes à ce sujet. Lorsque nous craignons le Seigneur, nous n'avons plus à craindre l'image que nous avons de nous-mêmes et nous pouvons cesser d'essayer de nous exalter. Cela signifie que nous nous reposons dans la certitude que Dieu finira par triompher de ce monde déchu où règnent le péché et la destruction. Le Seigneur connaît le chemin de la justice, même sur le lieu de travail. En fin de compte, Dieu élève ceux qui se confient en lui.

# La modestie, une vertu plutôt que la recherche de la richesse

L e sage Agur - qui est à l'origine du recueil de dictons qui suit dans le livre - nous laisse une sage prière.

Éloigne de moi le mensonge et les paroles trompeuses ; ne me donne ni pauvreté ni richesse ; donne-moi ma part de pain à manger, de peur que, rassasié, je ne te renie en disant : Qui est le Seigneur ? ou que, dans l'indigence, je ne dérobe et ne profane le nom de mon Dieu (Prov. 30:7-9).

Ce sont des paroles sages pour nous au travail : "Ne me donne ni pauvreté ni richesse".

Nous travaillons pour gagner notre vie, jouir d'un certain confort et d'une certaine sécurité, subvenir aux besoins de nos familles et contribuer aux pauvres et à la communauté au sens large. Est-ce suffisant ou désirons-nous davantage ? Agur fait le lien entre ce désir de plus et le fait de laisser Dieu en dehors de nos vies, d'ignorer notre Créateur et ses desseins pour nous. Agur prie également pour ne pas vivre dans la pauvreté, mais demande à Dieu de lui fournir la nourriture dont il a besoin. C'est une prière valable. Jésus nous a appris à prier : "Donne-nous aujourd'hui notre pain quotidien" (Mt 6,11).

Travailler pour subvenir à ses besoins et à ceux de sa famille est une bonne chose. Cependant, l'observation d'Agur est que lorsque nous transformons notre travail en une poursuite sans fin de la richesse - en d'autres termes, l'avidité - nous avons abandonné le chemin de la sagesse. Nous pouvons rechercher la richesse, consciemment ou inconsciemment, parce qu'elle semble être une preuve concrète de notre succès et de notre valeur personnelle. Mais le confort de la richesse est imaginaire. "La richesse du riche est sa cité fortifiée, et comme une haute muraille dans son imagination" (Pr 18,11). "Le riche est sage à ses yeux, mais le pauvre, qui a de l'intelligence, le met à l'épreuve" (Pr 28,11). En réalité, la richesse ne supprime pas les problèmes, elle ne fait que substituer les problèmes de la pauvreté à ceux de la richesse. "La rançon de la vie d'un homme est dans ses richesses, mais le pauvre n'entend pas les menaces" (Proverbes 13:8). La richesse ne peut pas nous sécuriser. "Celui qui se confie dans ses richesses tombera" (Proverbes 11:28). Nous devons veiller à ne pas sacrifier les richesses de la vie aux richesses de l'argent. "L'avare court après les richesses, sans savoir que la misère l'atteindra" (Pr 28,22). "Ne te fatigue pas à acquérir des richesses, cesse d'y penser" (Prov 23,4). En particulier, le sage se soucie davantage de sa réputation honnête que de son compte en banque. "Une bonne réputation vaut mieux que de grandes richesses, et la faveur que l'argent et l'or" (Pr 22,1).

Les proverbes ne sont pas contre la richesse en soi. En fait, la richesse peut être une bénédiction. "La bénédiction de l'Éternel, c'est ce qui enrichit, sans y ajouter de chagrin" (Proverbes 10:22). Ce qui est dévastateur, c'est l'obsession de la richesse.

Si les proverbes sur la modestie sont utiles, c'est pour nous rappeler que l'étude du livre à travers le prisme de la femme courageuse peut être un guide utile, mais qu'il n'englobe pas toutes les contributions du livre à la théorie et à la pratique du travail. L'ouvrage mérite d'être étudié plus avant, au-delà des aperçus que nous en avons donnés dans ce chapitre. Ceux qui ont trouvé ce chapitre utile sont encouragés à poursuivre la lecture des proverbes pour découvrir d'autres significations et applications, et à réfléchir à leur propre expérience à la lumière de la sagesse de Dieu.

# Conclusion du livre des Proverbes

En fin de compte, nos habitudes de travail sont façonnées par notre caractère, qui est façonné par notre connaissance de la révélation de notre Seigneur et notre révérence à son égard. Au fur et à mesure que nous approchons d'une connaissance plus intime de notre Seigneur, notre caractère se transforme pour devenir plus proche de celui de Dieu. En effet, "la crainte de l'Éternel est le commencement de la sagesse" (Prov. 9:10). La sagesse apporte la vie dans tous les domaines, y compris sur le lieu de travail, où beaucoup d'entre nous passent la majeure partie de leur temps productif. La sagesse nous conduit à une action honnête, à la diligence, à une saine sagacité, à la générosité et à l'équité envers ceux qui sont dans le besoin, à la maîtrise de notre parole et à une vie humble. Avec la sagesse, nous faisons confiance à Dieu pour façonner notre destin et prendre en charge nos objectifs. "Confie tes œuvres à l'Éternel, et tes desseins s'affermiront" (**Prov. 16:3**).

# Don't miss out!

Visit the website below and you can sign up to receive emails whenever Sermons Bibliques publishes a new book. There's no charge and no obligation.

https://books2read.com/r/B-A-ZPTY-TGELC

**BOOKS 2 READ**

Connecting independent readers to independent writers.

Did you love *Analyser L'éducation du Travail dans Proverbes*? Then you should read *Analyser L'éducation du Travail dans les Livres Poétiques*[1] by Sermons Bibliques!

2

**Ce livre est un voyage fascinant à travers la richesse des enseignements sur le travail que l'on trouve dans les poèmes bibliques.** Il explore des concepts tels que le sens du travail, la manière d'améliorer notre vie pour obtenir plus de succès et la manière de nous équiper spirituellement pour faire face aux défis quotidiens. L'importance d'établir des limites entre le travail et la vie personnelle est discutée, ainsi que les compétences nécessaires pour obtenir des résultats vertueux avec l'éthique. Vous y

1. https://books2read.com/u/mK7MA5

2. https://books2read.com/u/mK7MA5

trouverez des leçons utiles pour être productif sans sacrifier votre santé mentale ou émotionnelle. *Il s'agit d'une lecture captivante qui nous aidera à prendre en charge non seulement notre propre travail, mais aussi une vision d'ensemble équilibrée entre le matériel et le spirituel.*

# Also by Sermons Bibliques

**L'éducation au Travail dans la Bible**
Analyse de L'enseignement du Travail dans l'Exode: De L'esclavage à la Libération
Analyse de l'Enseignement du Travail dans le Leviticus: L'esprit de la loi à l'œuvre
Analyse de l'Enseignement du travail dans les Nombres
Analyse de l'enseignement du travail dans le Deutéronome
Analyser L'éducation du Travail dans Josué et Juges
Analyser L'éducation du Travail dans Ruth
Analyser l'éducation du Travail dans Samuel, Rois et Chroniques
Analyser L'éducation du Travail dans Esdras, Néhémie et Esther
Analyser L'éducation du Travail dans Proverbes
Analyser L'éducation du Travail dans Ecclésiaste
Analyser L'éducation du Travail dans Cantique des Cantique
Analyse de L'enseignement au Travail dans la Genèse
Analyse de L'enseignement du Travail dans le Pentateuque
Analyser L'éducation du Travail dans les Livres Historiques
Analyser L'éducation du Travail dans les Livres Poétiques

# About the Author

**Cette série d'études bibliques est parfaite pour les chrétiens de tout niveau,** des enfants aux jeunes en passant par les adultes. **Elle offre une manière attrayante et interactive d'apprendre la Bible,** avec des activités et des sujets de discussion qui vous aideront à approfondir les Ecritures et à renforcer votre foi. Que vous soyez débutant ou chrétien chevronné, cette série vous aidera à approfondir votre connaissance de la Bible et à renforcer votre relation avec Dieu. Animée par des frères aux témoignages exemplaires et à la connaissance approfondie des Ecritures, *qui se réunissent au nom du Seigneur Jésus-Christ dans le monde entier.*

# About the Publisher

**Editor**

Elvis A. Betancourt T. 4135 Stoney Creek Dr., Lincolnton, NC 28092 *elvisbetancourtt@gmail.com*

**Contáctenos**

Preguntas y comentarios generales: *seminitt25@gmail.com*